SOKOHI

底
翳

CHOSE COMMUNE

Ce livre est le lauréat de la 7ᵉ édition du LUMA Rencontres Dummy Book Award Arles 2021. Sa publication a été rendue possible par le soutien des fondateurs du prix : Les Rencontres d'Arles & LUMA Foundation.

*This book was the winner of the 7th edition of the LUMA Rencontres Dummy Book Award Arles in 2021. Its publication was made possible by the founders of the award, Les Rencontres d'Arles & the LUMA Foundation.*

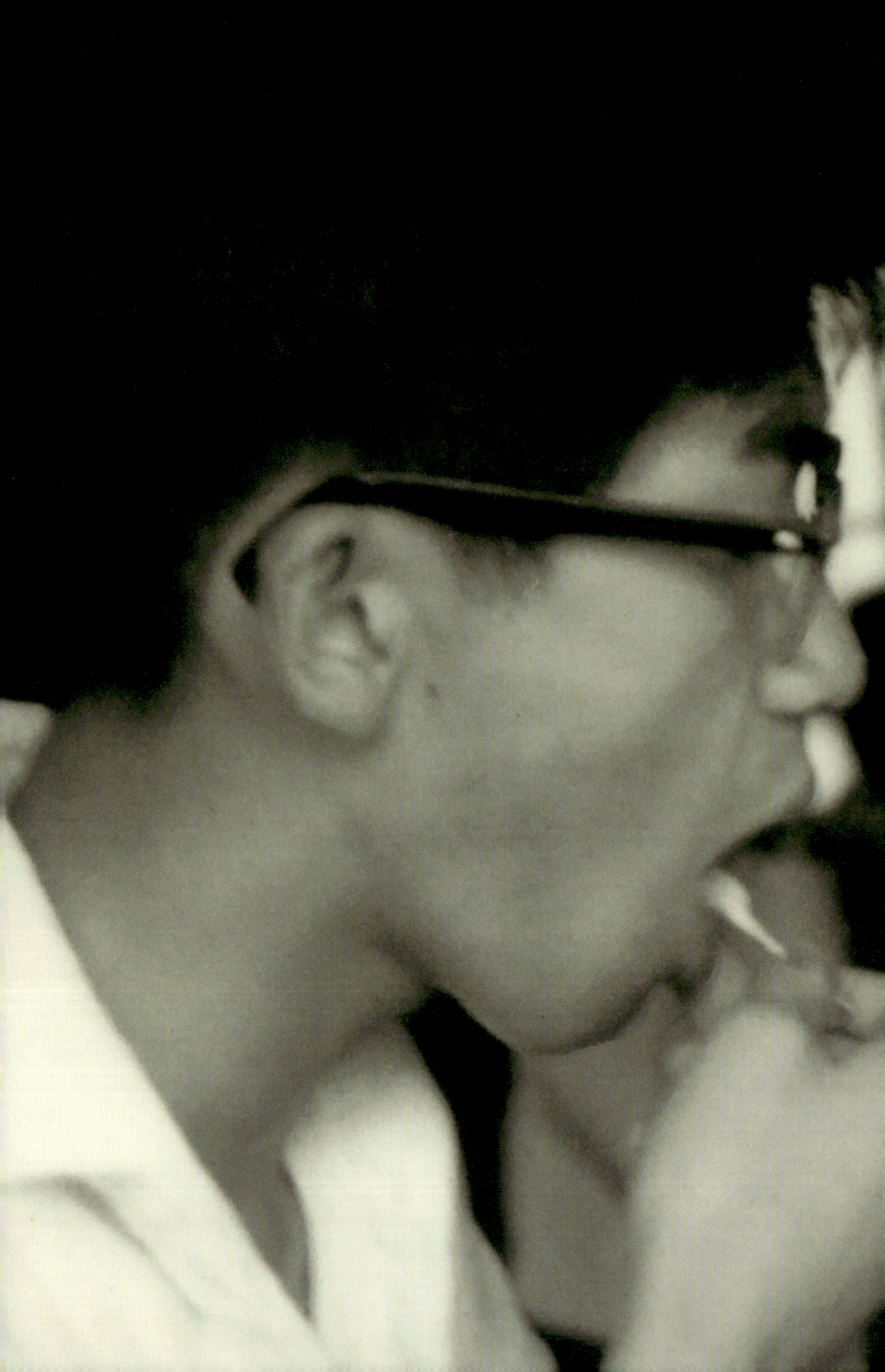

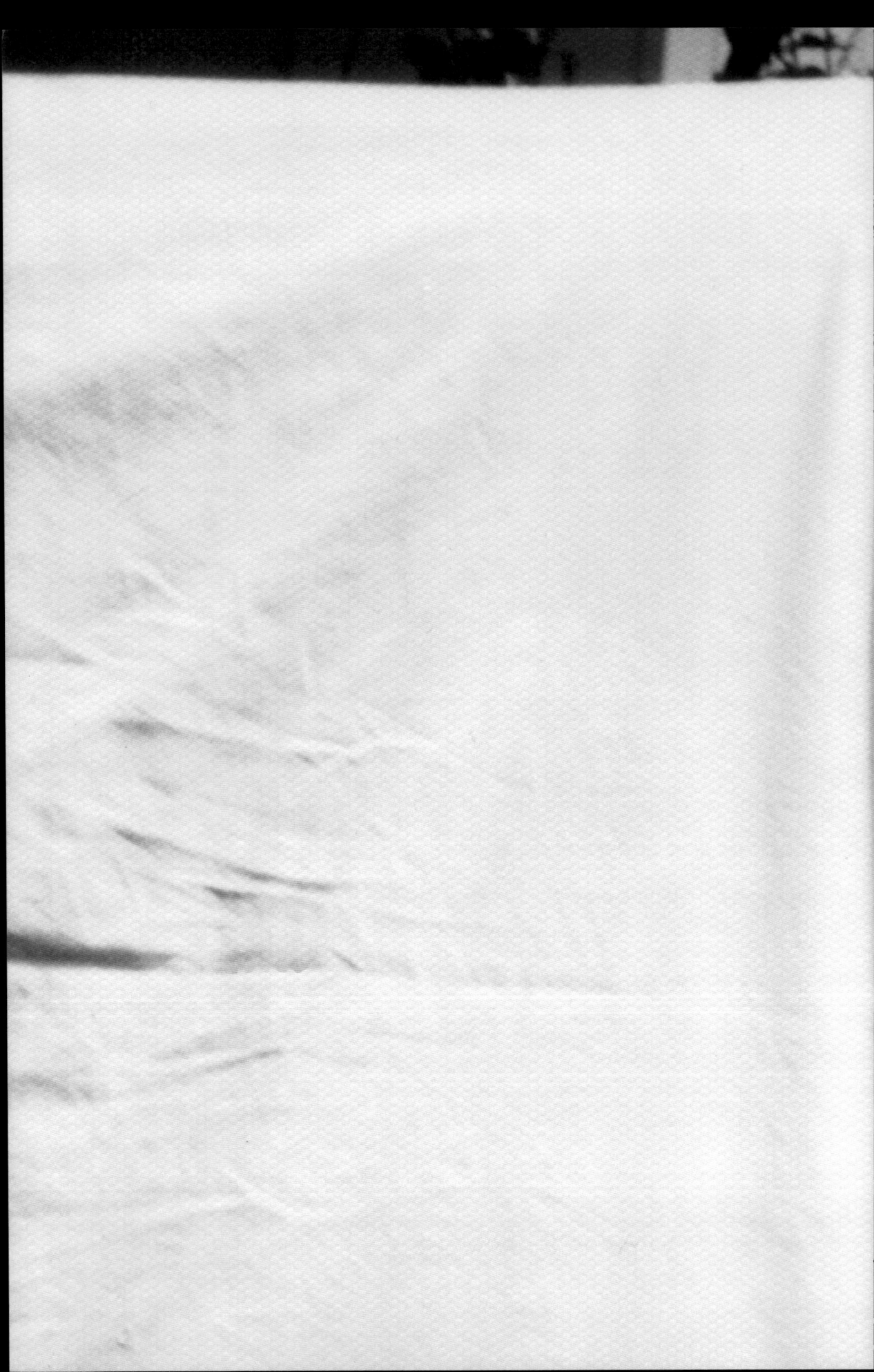

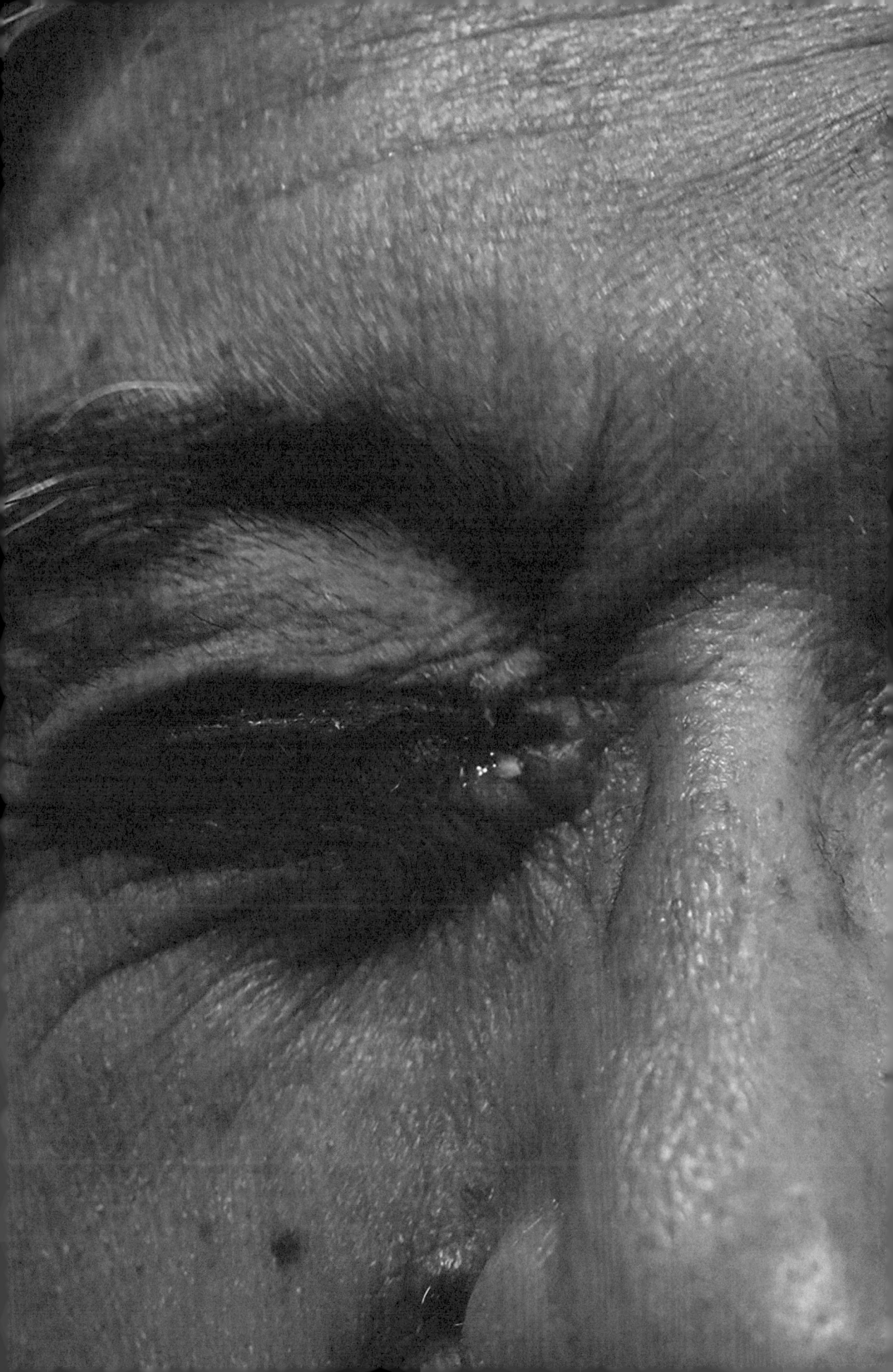

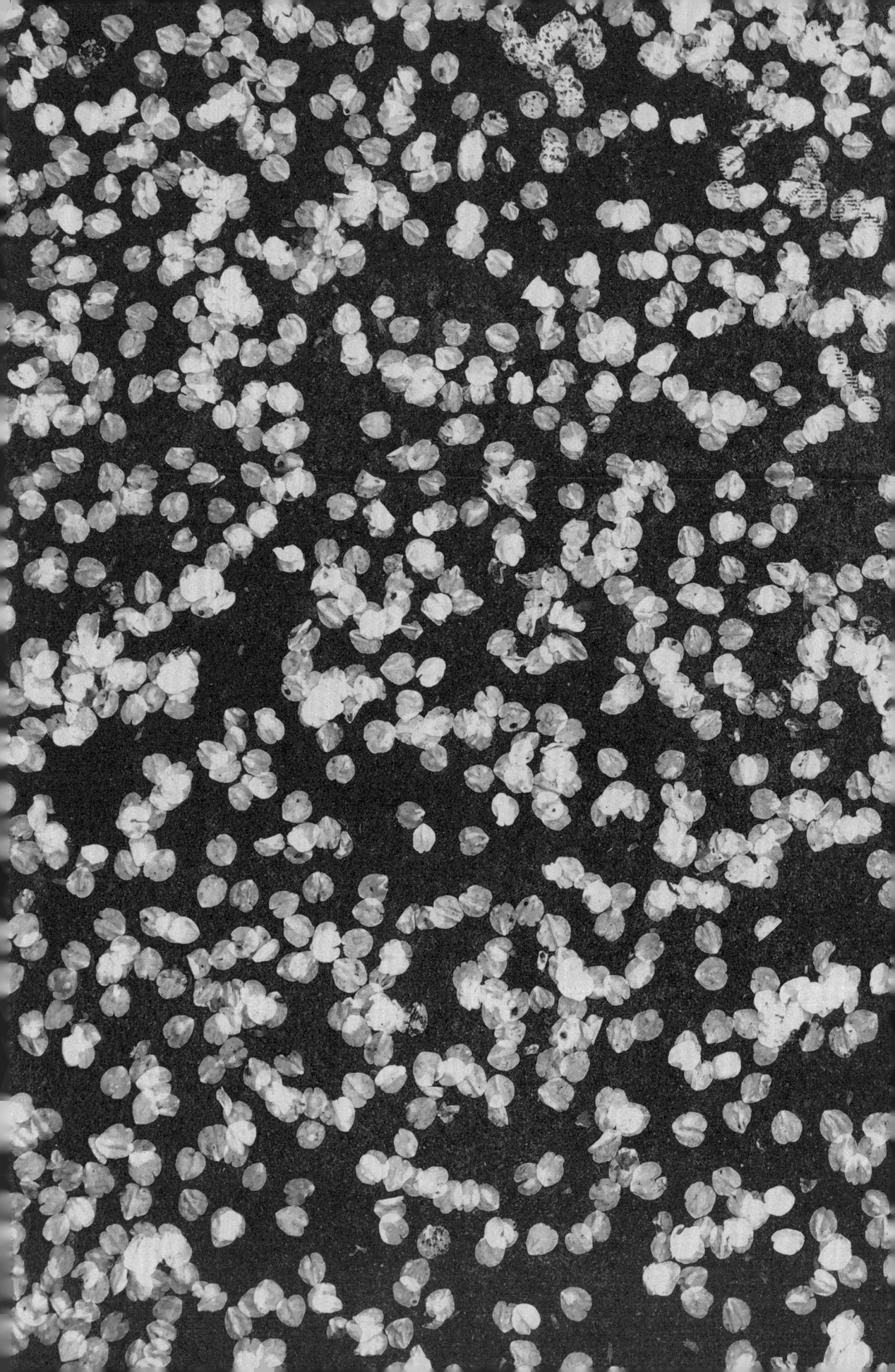

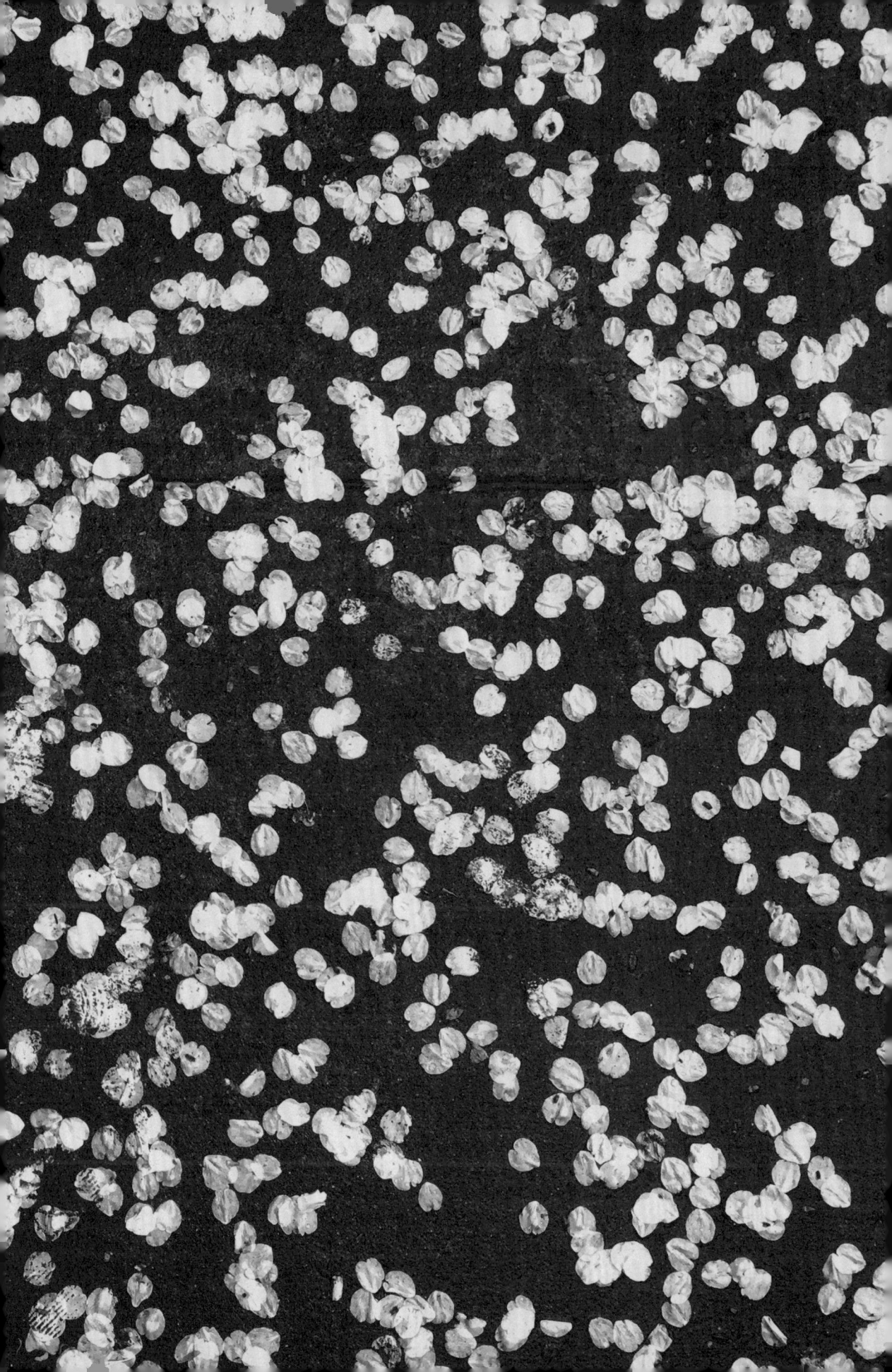

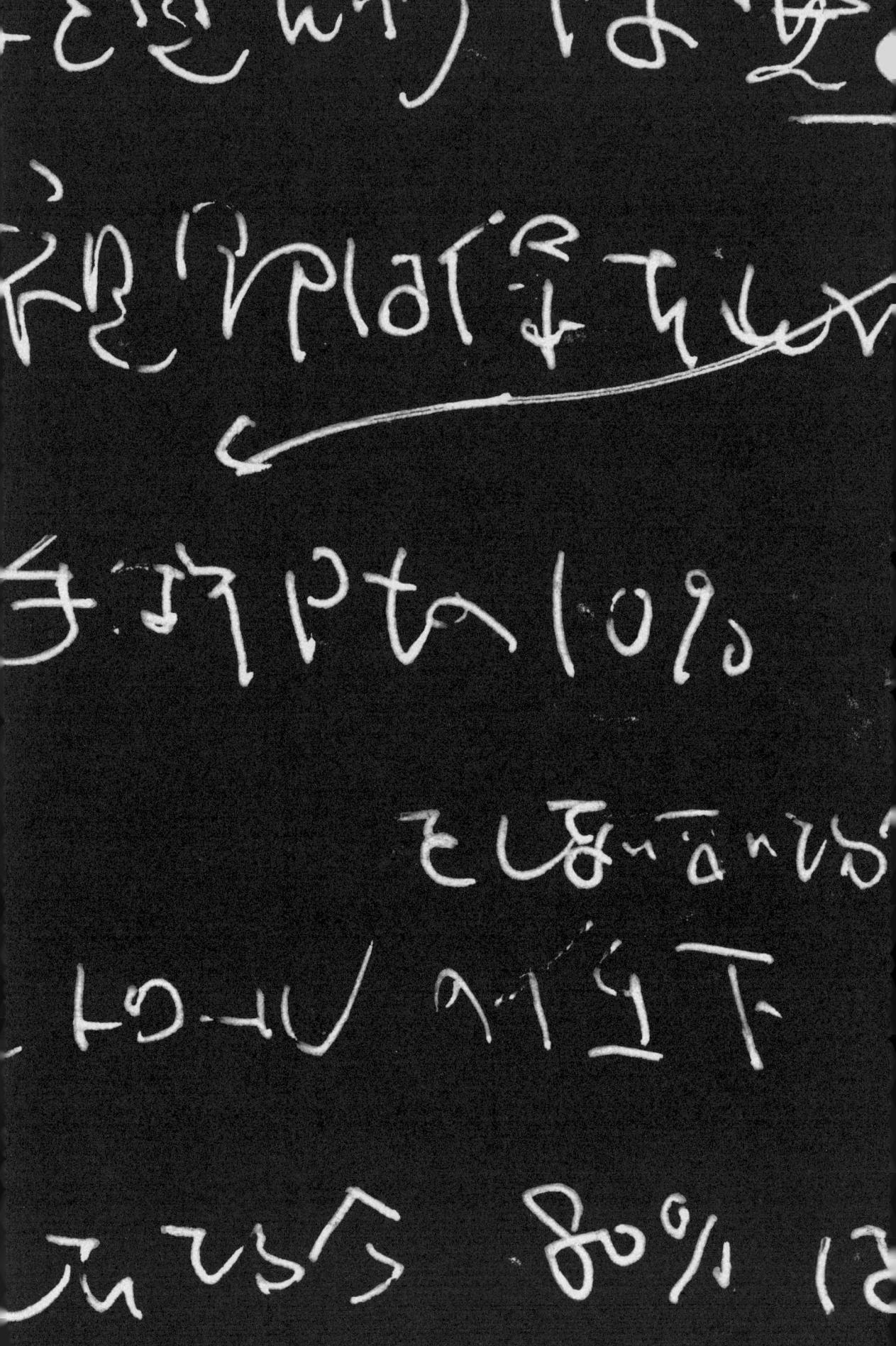

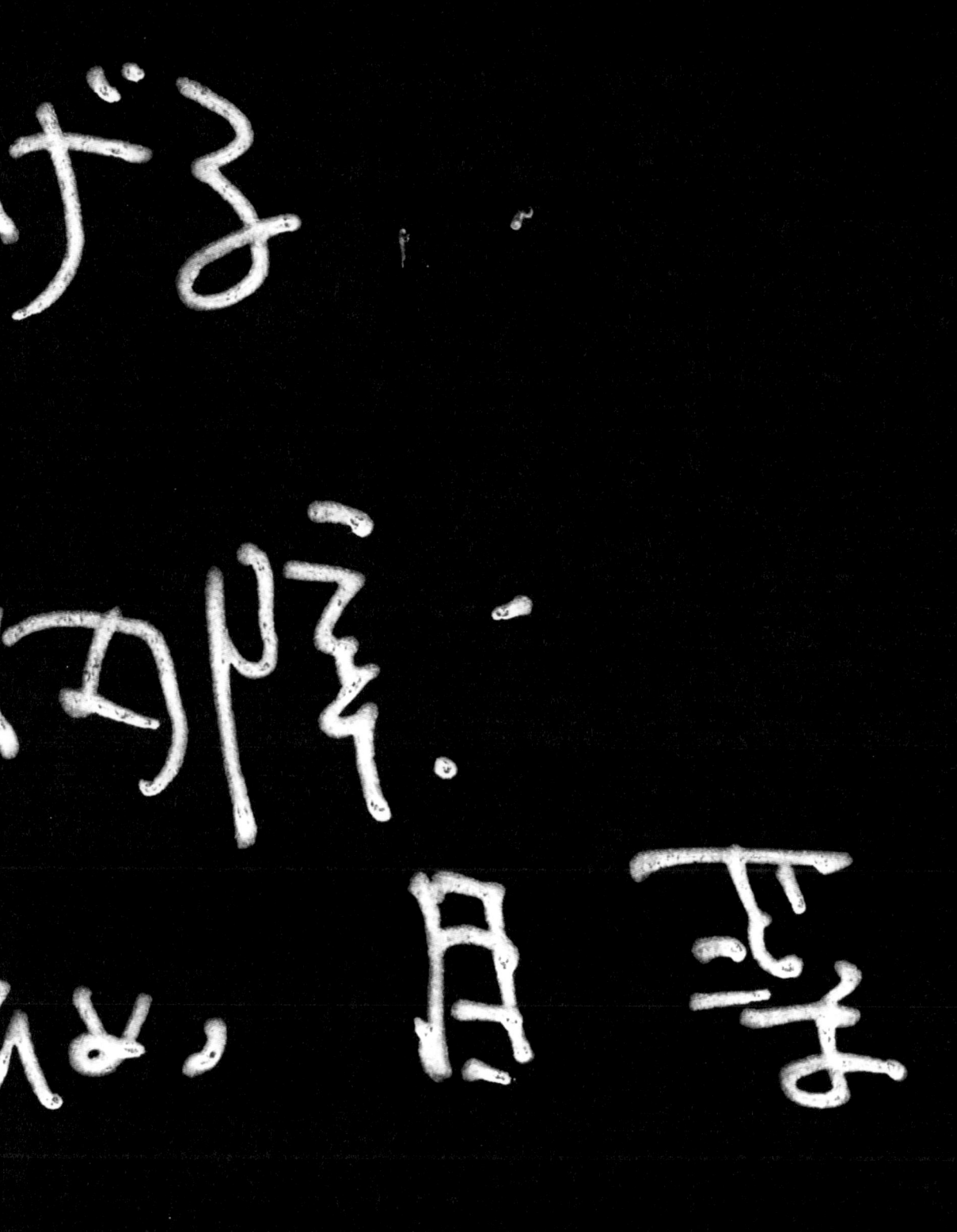

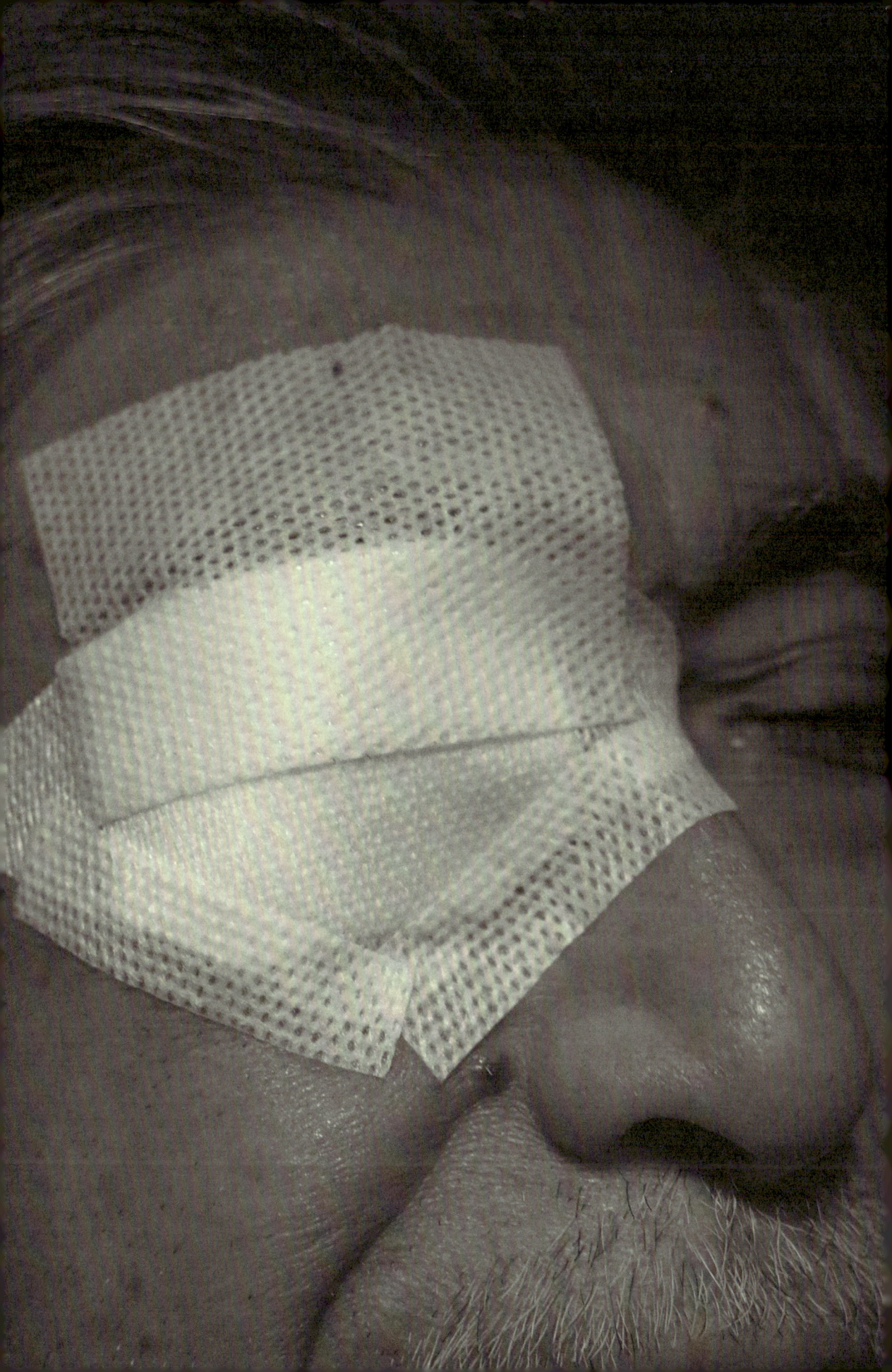

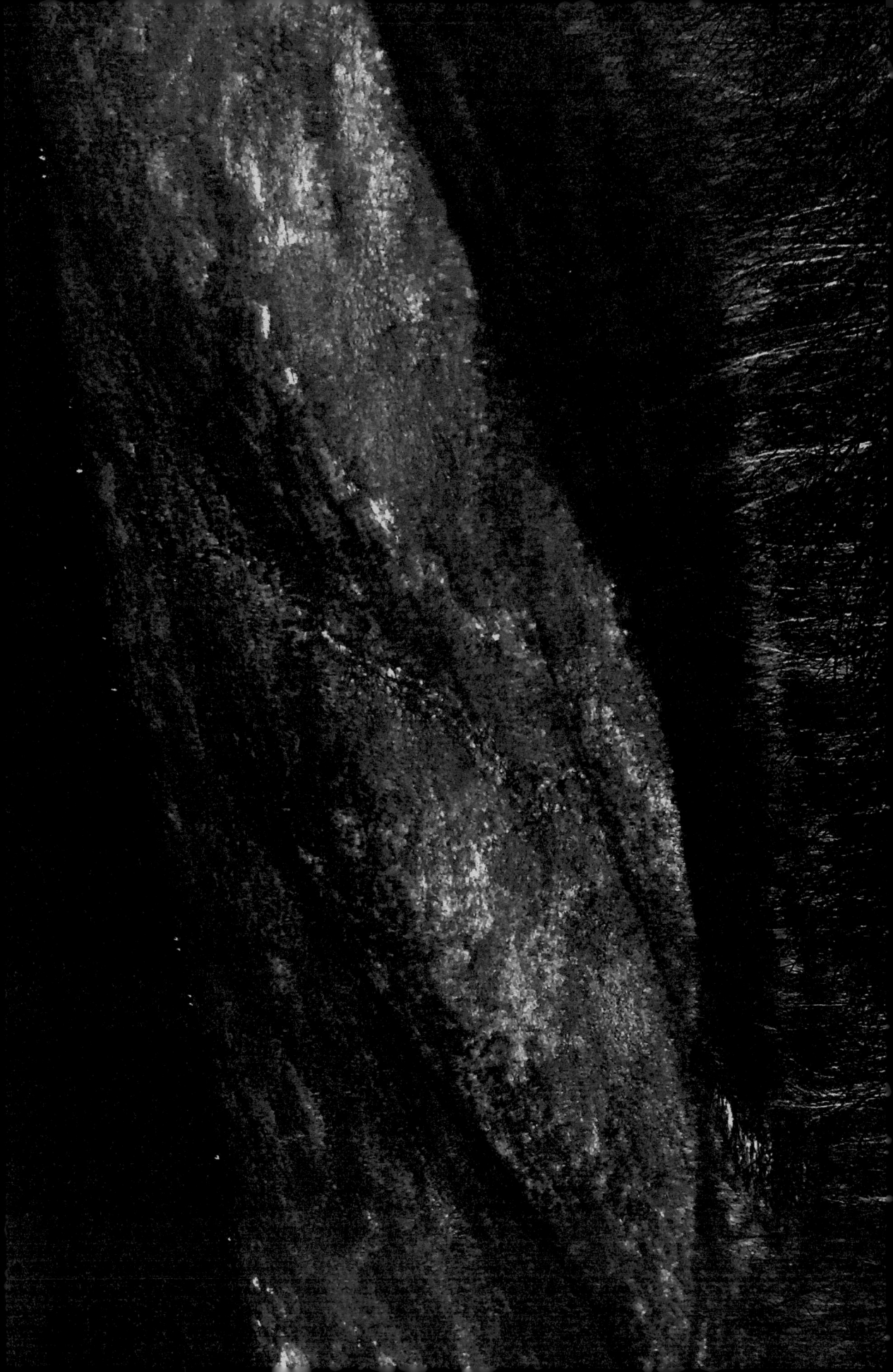

けゝ
もせ
ふてニタ
うひ

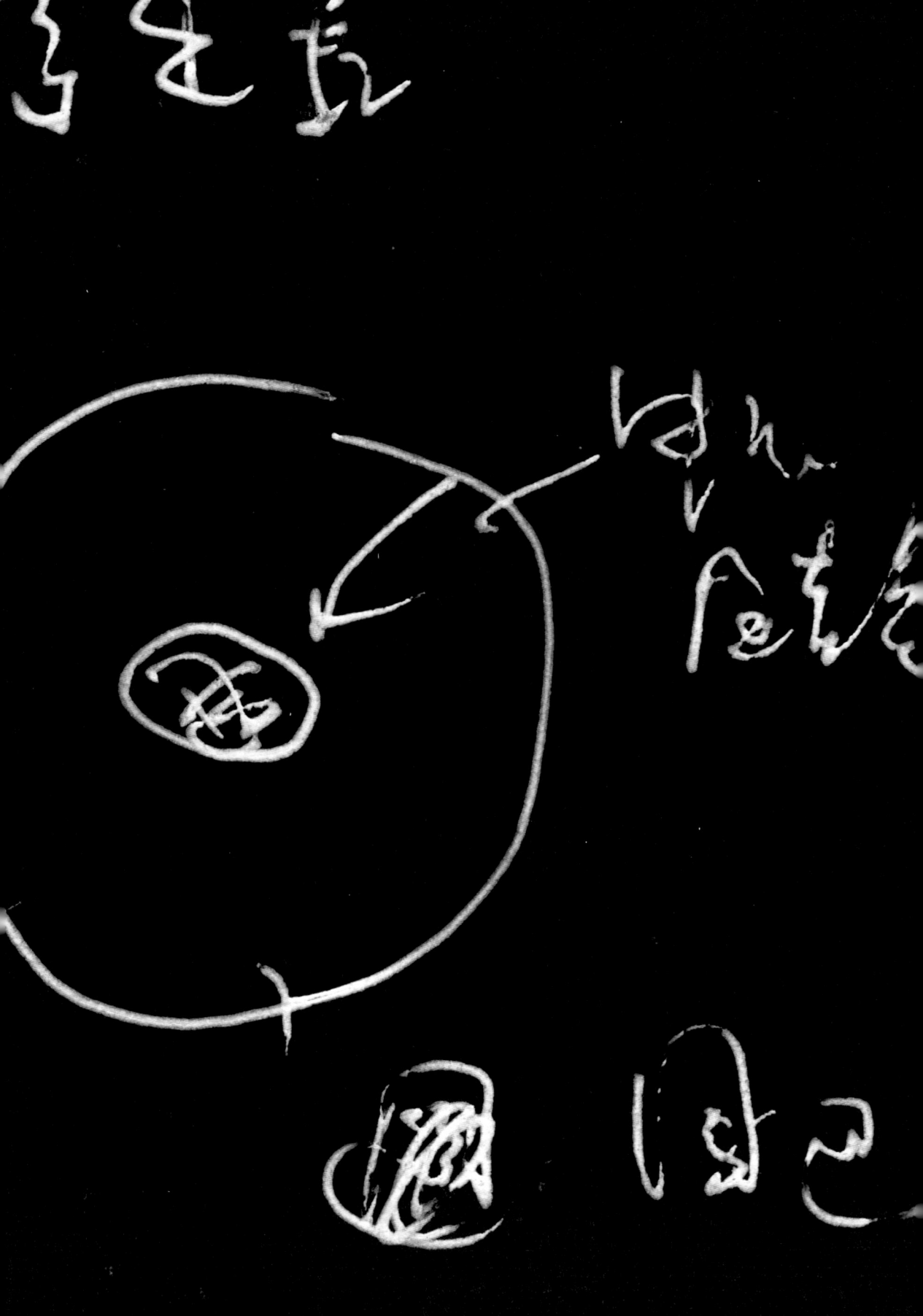

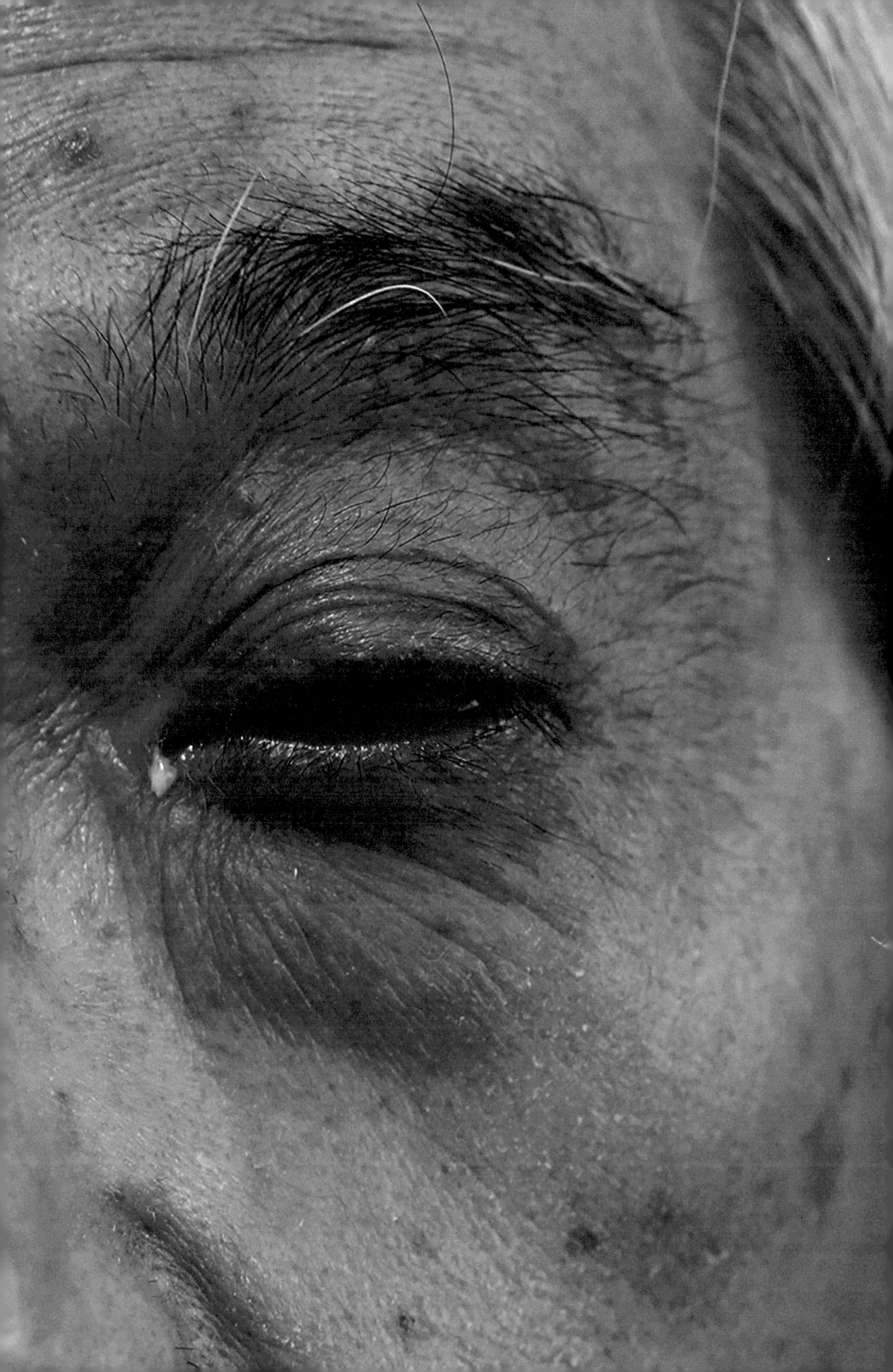

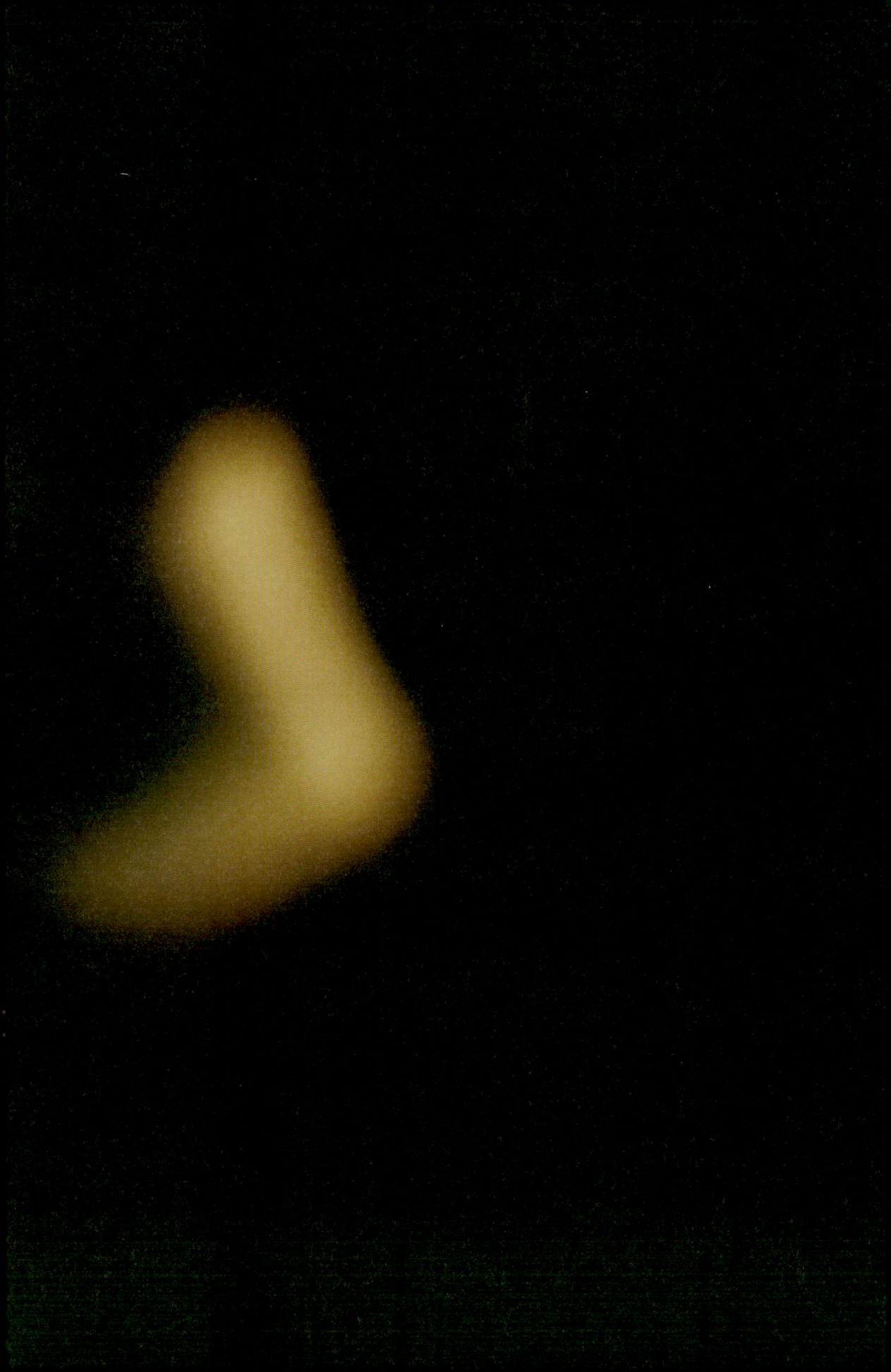